Mein großes Buch der Tiergeschichten

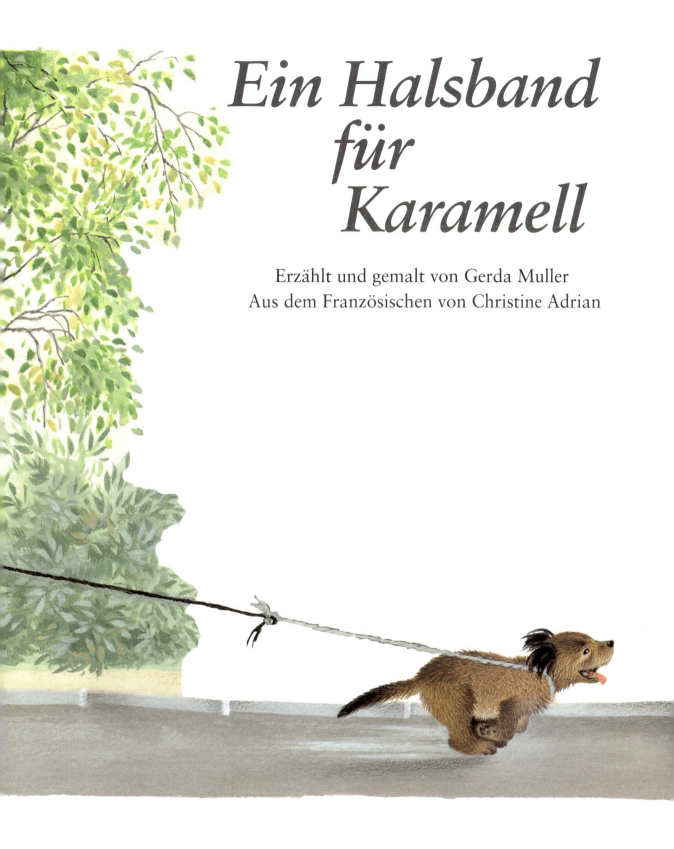

Ein Halsband für Karamell

Erzählt und gemalt von Gerda Muller
Aus dem Französischen von Christine Adrian

Da sitzt Stefan. Er träumt. Am hellen Tag sitzt er da und träumt mit offenen Augen. Und er denkt: Wenn ich doch einen Freund hätte – oder nur ein Spiel, das ich allein spielen kann!
Es ist langweilig so allein …

Die Mutter weiß: Stefan ist einsam. Sie will ihm helfen. Zum Geburtstag schenkt sie ihm ein Täschchen. Darin ist Geld – und ein Zettel.
Auf dem Zettel steht:

Ein kleiner Hund wartet auf dich bei Frau König, Waldstraße 5, samstag um 4 Uhr!
Deine Mutter.

Stefan denkt nur noch an seinen Hund. Er bereitet alles vor: einen Korb mit Decke, eine Futterschüssel, einen Wassernapf und einen Ball zum Spielen.

Endlich kommt der Samstag
bei Frau König! Welchen Welpen
wählt Stefan aus?

Die Wahl fällt ihm schwer.
Er nimmt den, der so braun ist
wie ein Karamellbonbon.

„Ich glaube, du hast den schnellsten Welpen ausgesucht", sagt Frau König. „Pass aber gut auf, er ist besonders neugierig. Er muss noch lernen, wann es für ihn gefährlich wird."
„Ich pass schon auf", sagt Stefan. „Auf Wiedersehen."

Stefan nennt seinen Hund Karamell.
Und Karamell liebt Stefan sofort,
denn er erfindet mit ihm die
schönsten Spiele.

Nach dem Spielen ist Karamell sehr hungrig. Stefan mischt das Futter: Hackfleisch mit Haferflocken und zum Trinken Milch mit Wasser verdünnt.

Dann ist Karamell müde. Stefan zeigt ihm das Körbchen, setzt ihn hinein, streichelt ihn noch lange, denn der junge Hund ist es ja nicht gewöhnt, allein zu schlafen.

Das sind herrliche Tage!
Nicht mehr allein! Stefan und
Karamell sind unzertrennlich.

Sie laufen um die Wette, und Karamell ist dabei wirklich immer der Schnellste.

Stefan lacht. Er ist glücklich.

Sogar im Regen haben sie Spaß. Karamell ist überhaupt nicht wasserscheu. Er platscht durch die Pfützen, er hüpft durch nasses Gras. Er wird von oben bis unten nass und dreckig.

Er wälzt sich, er schüttelt sich ...
Zu Hause muss er trotzdem
gründlich gebadet werden.
Und jetzt ist Karamell plötzlich
sehr wasserscheu.

Eines Tages geht Stefan zur Post.
Karamell darf nicht mit.
Er soll im Garten warten.

Stefan hat aber vergessen
das Tor zu verriegeln.

Karamell nützt die Gelegenheit!
Er drückt die Gartentür auf –
schon steht er draußen.
Neugierig schaut er nach rechts
und links. Er schnuppert.
Ein aufregender Duft lockt ihn
zum Mülleimer …

Und nun zur nächsten Pfütze.
Er schlabbert sich den Bauch voll.
Und dann natürlich:

Karamell muss pinkeln.
Bautz, der Foxterrier, findet das sehr interessant.

Plötzlich kläfft Bautz los.
Vor Schreck rennt Karamell
davon – mitten auf die Straße!
Und dort kommt gerade ein Mofa.

Der Fahrer bremst.
Die Reifen quietschen –
und Karamell jault auf.

In diesem Augenblick kommt Stefan zurück. Er hat den Unfall miterlebt. Weinend beugt er sich über seinen Hund. Ist er tot?
Der Mofafahrer will ihn trösten: „Nein, nein, er lebt noch. Aber er hat eine böse Wunde am Hals.

Am besten bringst du ihn gleich nach Hause."

Schluchzend erzählt Stefan die traurige Geschichte. Die Mutter tröstet ihn und sagt: „Jetzt rufe ich Doktor Lorenz an und frage ihn, wann er Karamell untersuchen kann."

Doktor Lorenz hat sofort Zeit. Er wohnt drei Straßen weiter.
Stefan hat sich beeilt. Aufgeregt drückt er auf den Klingelknopf.

Jetzt liegt Karamell auf dem Tisch. Behutsam untersucht der Tierarzt den kleinen Hund. Dann sagt er: „Gebrochen ist nichts. Er hat Glück im Unglück gehabt. Nur die Wunde am Hals müssen wir behandeln.

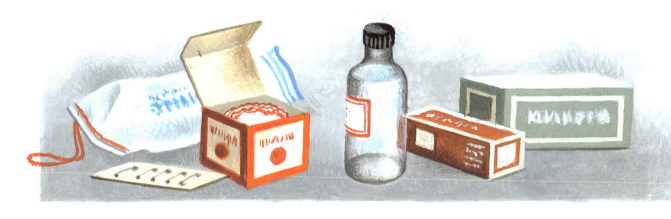

Ich werde sie jetzt reinigen,
pudern und verbinden.
Du musst dann täglich den
Verband erneuern."
Doktor Lorenz hat auch
eine Heilsalbe aufgeschrieben.
Stefan holt sie auf dem Rückweg
in der Stadt-Apotheke.
Und weil Doktor Lorenz dem
Hund eine Spritze gegeben hat,
liegt Karamell ganz ruhig
in der Tasche.

Jeden Morgen muss Stefan nun eine Viertelstunde früher aufstehen. Er nimmt Karamell den alten Verband vom Hals.

Er bestreicht die Wunde mit Salbe. Er legt einen neuen Verband an. Karamell ist ein sehr geduldiger Patient.

Bald darf er schon wieder an
der Leine spazieren gehen.
Und Bautz möchte auch gern
mit ihm spielen.

Zum Spielen mit anderen Hunden ist es zu früh, denkt Stefan.

Er setzt Karamell in einen Korb und macht einen Ausflug.

Am liebsten würde Karamell aus dem Korb springen, doch Stefan fährt mächtig schnell, da traut er sich nicht.

Viele Tage sind vergangen. Karamells Wunde ist verheilt und kein Verband mehr nötig. Stefan sagt: „Prima, jetzt darfst du wieder allein nach draußen gehen." Karamell guckt ihn groß an und kneift den Schwanz ein. Karamell will nicht. Was hat er?

Stefan redet dem Hund gut zu: „Na los, nun geh doch! Bist du denn gar nicht mehr neugierig?" Aber Karamell will und will nicht alleine gehen.
Seltsam, denkt Stefan, was fehlt ihm denn?
Richtig, der Verband fehlt ihm!

„Den kannst du haben", sagt Stefan. Er wickelt ihm einen Streifen aus weißem Stoff um den Hals.
Und Karamell ist sehr zufrieden.

In den folgenden Tagen macht Stefan den Verband immer kleiner und kleiner.

Und am Sonntag ist Karamell auch ohne Verband zufrieden.

Karamell geht manchmal wieder allein spazieren, wenn Stefan nicht da ist. Von Bautz und anderen Hunden lässt er sich nicht mehr erschrecken. Er ist größer geworden, mutiger.

Wer weiß, denkt Stefan, eines Tages treibt ihn die Neugier zu weit weg vom Haus.

Karamell bekommt darum ein Halsband aus Leder mit seinem Namen und Stefans Adresse.

„Ich weiß ja, dass du mir nicht weglaufen willst", sagt Stefan zu Karamell. „Aber sicher ist sicher ..."

Auf dem Ponyhof

Erzählt von Christine Adrian
Mit Bildern von Hélène Muller

Im Sommer wird es schon früh hell im Stall. Die Ponys haben ausgeschlafen. Sie sind hungrig und durstig. Und sie langweilen sich ein bisschen: Schwarze Hand geht unruhig hin und her. Die kleine Nudel verrenkt sich fast den Hals, um nach der Tür zu sehen. Wo bleibt nur Johann? Hexe versucht mal wieder, den Türriegel aufzumachen. Polo wiehert, Mikosch und Hopla beobachten die Katze. Ihre Kätzchen toben im Stroh, so viel sie wollen. Und die Alte fängt für sie viele Mäuse. Denn die gibt es im Stall in jedem Winkel.

Johann brummt: "Na, habt wohl schon gewartet?", und greift zur Heugabel. Mit viel Schwung fliegt in jede Futterraufe ein großes Heubüschel. Danach verteilt er die vollen Wassereimer. Und zum Schluss den Hafer. Aber nicht zu viel! Sonst werden die Ponys übermütig. Nach dem Füttern räumt er den Mist weg. Jetzt kommen Bärbel, Piet und Chris, Sascha und Andi.

Als Letzte Anna. Alle freuen sich auf „ihre" Ponys. Fido freut sich auch. Denn in den Taschen sind die Vesper der Kinder. Davon bekommt der Hund immer etwas ab.

Die Ponys werden geputzt.
Dazu binden die Kinder sie vor
dem Stall an. Anna bürstet und
striegelt Hexe den Rücken.

Chris bürstet Hopla
den Hals. Das mag er sehr
gerne. Andi kratzt Mikosch
vorsichtig den Dreck aus
den Hufen. Der Junge
braucht ziemlich viel Zeit dazu.
Aber Mikosch ist sehr geduldig.
Es tut ja nicht weh.

Nudel dagegen ist nicht ganz zufrieden. Saschas kleine Hände sind noch ungeschickt mit dem Kamm.
Es reißt und ziept fürchterlich in den Schweifhaaren. Lange hält Nudel das nicht mehr aus. Dann dreht sie ihr Hinterteil zur Wand. Das heißt: „Jetzt reicht's mir aber."

Die Kinder lernen, wie man Ponys sattelt: Chris legt Hopla den Sattel auf den Rücken. Andi lässt bei Mikosch den Sattelgurt auf der einen Seite vom Sattel herunter. Bärbel zieht den Sattelgurt bei ihrem Pony schon auf der anderen Seite hoch und schnallt ihn fest. Schwarze Hand kennt das schon. Sie pumpt sich voll Luft und macht sich so dick wie möglich. Das dauert ein paar Minuten. Dann muss sie ausatmen. Ihr Bauch wird wieder normal. Der Gurt aber ist nun zu locker. Vor dem Aufsitzen muss also jedes Kind noch einmal den Gurt stramm ziehen. Sonst rutscht der Sattel vom Ponyrücken.

Anna zeigt Sascha, wie er das Zaumzeug anlegen muss: Zuerst die Trense ins Pferdemaul schieben. Nudel ist ein bisschen störrisch dabei. Sie merkt, dass Sascha noch etwas Angst vor ihren Zähnen hat. Wenn Anna nicht da wäre, würde sie bestimmt Unfug machen. Piet ist schon fast fertig.

Nachdem die Trense richtig in Polos Maul sitzt, hat er die Lederriemen über ihren Kopf und die Ohren geschoben. Jetzt schließt er gerade die Schnalle am Kinn. Dann fasst er die Zügel direkt unter dem Pferdemaul und führt Polo in die Reitbahn.

Karl sagt: „Ganze Abteilung Sche-ritt", und die Ponys trotten los. Es dauert eine Weile, bis jedes Kind fest und richtig sitzt.
Andi verliert fast die Zügel, weil Mikosch den Kopf hochwirft.
Chris ist mit den Stiefeln aus den Steigbügeln gerutscht.
Bärbel soll die Fäuste dichter zusammenhalten.
Piet hält sich schnell noch mal an der Mähne fest.
Sascha fühlt sich wunderbar.
Und Anna?
Sie reitet heute nicht mit. Denn Hexe braucht neue Hufeisen.
Anna wartet auf den Schmied.
Sie hat noch nie gesehen, wie einem Pferd die „Schuhe" angepasst werden.

Der Schmied bringt im Auto einen Gasofen und viele verschiedene Hufeisen mit. Außerdem Messer und Raspel, Hammer und Zange und eine Menge Nägel. Anna führt Hexe in den Hof. Der Schmied schaut genau, ob das Pferd richtig steht. Johann hebt einen Hinterhuf hoch. Der Schmied stemmt das alte Eisen vom Huf. Er beschneidet den Huf mit dem Messer. Denn Hufe wachsen wie Fingernägel. Der Schmied sucht ein neues, passendes Hufeisen aus. Er macht das Eisen im Gasofen heiß.
Er probiert es auf dem Huf. Es raucht. Aber Hexe zuckt nicht. An dieser Stelle fühlt sie nichts.

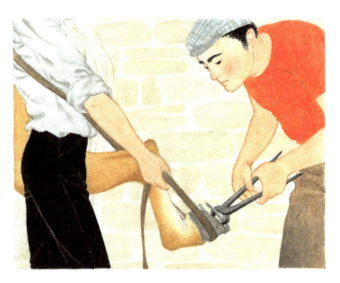

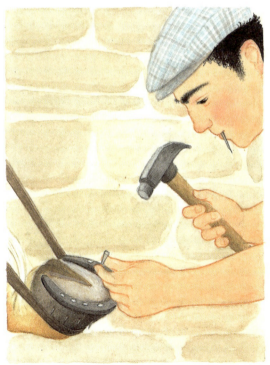

Das Eisen passt. Der Schmied steckt es in einen Wassereimer, um es abzukühlen. Dann nagelt er es fest. Die Nagelspitzen schauen außen am Huf heraus. Sie werden umgebogen, damit sich das Pony nicht daran verletzen kann. Schließlich wird der Huf glatt gefeilt. Und fertig. Jetzt kommt der nächste Huf dran.

Johann spannt Hexe vor den
Wagen. Anna und Sascha
klettern mit „Juhu" hinauf.
Im Galopp geht's zum nächsten
Bauernhof.

Dort lädt Johann Hafersäcke
auf. Hexe bläht die Nüstern.
Sie riecht den Hafer.
Und sie freut sich schon auf
ihre nächste Portion davon.

Mittagspause! Die Kinder packen aus, was sie mitgebracht haben. Sie sind so hungrig, dass sie noch nicht einmal nachschauen, was auf den Butterbroten drauf ist. Die Ponys dürfen auf die Weide. Sie können dort ruhen und fressen. Doch zuerst wollen sie sich austoben.
Kein Sattel mehr auf dem Rücken! Kein Zügel mehr am Maul! Herrlich!
Die Kinder schauen den Ponys lachend zu. Bis sie entdecken, dass Hexe sich auf feuchter Erde wälzt. „Nein!", schreien sie. „Hör auf!" Aber Hexe hört nicht, strampelt mit den Beinen und ist glücklich bei ihrer Art von Fellpflege.

Hexes Fell ist wieder sauber und glatt. Denn jetzt wird ihr breiter Rücken zum Turnen gebraucht.

Also: Hexe galoppiert an einer langen Longe. Immer im Kreis.
Immer gleich schnell.
Bärbel steht in der Mitte.
Sie beobachtet das Pony.
Plötzlich nimmt sie Anlauf.

Und – schwupp – springt sie auf Hexes Rücken. Sie lacht. Sie hält sich kurz am Bauchgurt fest.
Da schwingt sich auch Piet hinter ihr aufs Pony. Er will aufstehen.
Bärbel hilft ihm dabei. Sie hält ihn in den Kniekehlen fest.

Piet breitet die Arme aus.
Er ist stolz. Karl ist zufrieden
und lobt die Kinder.

Und Hexe galoppiert immer
im Kreis. Es sieht fast aus wie
im Zirkus.

Alle Kinder hatten nur Augen für Hexe, Piet und Bärbel. Keiner merkte, dass das Tor zur Weide offen stand.
Aber Hopla merkte es.

Leise trabte er über den Hof. Zu einem Stück Wiese ohne Zaun. Dort schlägt er sich jetzt den Bauch voll.

Die Kinder wollen ihn einfangen. Obwohl sie wissen, dass es gefährlich ist, von hinten an das Pony heranzukommen.

Aber Hopla ist schneller. Erst als Johann ihn mit einer Möhre lockt, kommt er brav zurück.

Am späten Nachmittag scheint die Sonne nicht mehr so heiß und die Fliegen sind nicht mehr so lästig für die Ponys. Jetzt reiten alle Kinder miteinander aus.

Auch Karl reitet mit.
Auf seinem eigenen Pferd, das er Frechdachs nennt.

Karl passt auf. Denn hier waten die Ponys durch einen Bach. Und manchmal rutscht eines auf den glatten Bachkieseln aus. Heute aber geht alles gut.

Die Gruppe reitet vergnügt den Hügel hinauf. Nur der verfressene Polo geht so langsam wie möglich. Ihn locken überall die leckeren Kräuter.

Der Tag geht zu Ende. Die Ponys sind wieder im Stall. Die Kinder haben jedem Tier Sattel und Zaumzeug abgenommen.

Jetzt machen sie alles mit Wasser und Schwamm sauber. Chris bürstet Polos Trense besonders gründlich. Sie ist voll grüner Spucke, weil Polo ja beim Ausritt Kräuter gefressen hat. Dann räumen die Kinder auf. Wohin mit den Sachen? Im Stall neben den Boxen haben Sattel und Zaumzeug ihren Platz.

Die Kinder finden, die Ponys haben eine Belohnung verdient. Auch wenn sie nicht immer brav waren. Ponys sind eben keine Engel. Aber Zucker ist für sie verboten. Sie bekommen Möhren und hartes Brot. Das kracht richtig, wenn sie kauen.

Sascha bringt Nudel in ihre Box.
Er ist ein bisschen traurig.
Am liebsten würde er auch nachts bei „seinem" Pferdchen bleiben.
Aber Nudel ist müde.

Sie ist froh, dass sie nun ihre
Ruhe hat. Sie legt sich ins Stroh.
Die Augen fallen ihr zu.

Der Kopf sinkt zur Seite.
Bald ist sie eingeschlafen.
Ob sie auch träumt?

Mulle und ihre Kinder

Erzählt von Christine Adrian
Mit Bildern von Waltraut Schmidt

Sabine und Felix verbringen in diesem Jahr ihre Ferien auf einem Bauernhof.
Am Nachmittag sind sie angekommen und jetzt zeigt ihnen die Bäuerin den Stall.

Die Kühe sind gerade gemolken worden. Die Milch in den Kannen ist noch warm.
Sabine möchte die frische Milch probieren. Sie darf aus einem Schöpflöffel trinken.

Sie staunt. Diese Milch schmeckt ja ganz anders als die zu Hause in den Tüten! Die Bäuerin lacht. „Das wirst du hier noch oft erleben", sagt sie. „Unsere Eier, unsere Butter, unser Brot – alles schmeckt ein bisschen anders. Auch unsere Katzen sind nicht so wie bei euch in der Stadt."

Da sind die Katzen. Sie haben etwas frische Milch bekommen: der schwarze Mohrle, Tiger und die rote Mulle. Sabine und Felix wollen sie streicheln, hochheben, herumtragen. Mohrle und Tiger lassen sich das nur sehr ungern gefallen. Vor fremden Menschen haben sie Angst. Mulle auch. Sie saust weg wie ein Blitz. „Wohin rennt die Katze? Warum läuft sie fort?", fragen Sabine und Felix. „Unsere Mulle ist immer so scheu, wenn sie Junge hat. Sie versteckt sich gut. Irgendwo im Heu wahrscheinlich", sagt die Bäuerin. Felix und Sabine wollen Mulle und ihre jungen Kätzchen sofort suchen. „Mulle versteckt sich gern im Heu", hat die Bäuerin gesagt. Sollen die beiden Kinder mal auf dem Heuboden nachschauen?

Na also, da sind ja Mulles Junge! Die Katzenmutter ist gerade nicht bei ihnen. Deshalb liegen die Kleinen mucksmäuschenstill im Heu. Felix möchte sie anfassen. Die Kätzchen erschrecken furchtbar vor dem fremden Riesenwesen. Eines faucht.
Nur leise natürlich, es ist ja noch klein. Aber Felix versteht sofort. Rasch zieht er die Hand zurück. Er wollte den Kätzchen nichts tun. Sabine sagt: „Komm, wir lassen sie in Ruhe."
Beide Kinder kriechen leise zur Leiter zurück. Sie sitzen oben auf dem Heu. Und im Hui rutschen sie den ganzen Heuberg herunter.

Sabine und Felix stürmen in die Küche. „Wir haben sie gefunden!", verkünden sie. „So, so", sagt die Bäuerin. „Nun seid ihr wohl zufrieden?" „Ja", schreit Felix. Sabine sagt Nein. Sie hat viele Fragen: Wie alt die Kätzchen sein mögen? „Vielleicht zwei Wochen", meint die Bäuerin. Wie lange sie da oben bleiben? Niemand weiß es. Welcher Kater der Vater ist? Auch das weiß niemand. Kümmert sich denn der Katzen-Vater nicht um seine Kinder? Nein. Die Katzen-Mutter erlaubt es ihm nicht.

Schließlich will Sabine noch wissen, was Mulle zu fressen bekommt. Da lacht der Bauer. „Milch bekommt sie", sagt er. „Zu fressen braucht die nichts. Sie soll Mäuse fangen. Und das tut sie am besten mit hungrigem Magen. Sonst ist eine Katze ja zu nichts nütze."

In einer dunklen Ecke hat Mulle gewartet, bis die Kinder vom Heuboden verschwunden sind. Dann kehrt sie zu ihren Jungen zurück. Sie begrüßt sie mit einem leisen, weichen Laut. Sie schnuppert an ihnen. Dann leckt sie die kleinen Bäuche. Die Kleinen strampeln heftig. Sie sind hungrig. Sie wollen jetzt nicht geleckt werden. Sie wollen lieber trinken. Endlich gelingt es ihnen an die Zitzen zu kommen. Jedes Kätzchen trinkt immer an derselben Zitze. Da gibt es nie Streit. Sie saugen mit geschlossenen Augen. Dabei treten ihre Pfötchen abwechselnd gegen den Bauch der Mutter. Und Mulle schnurrt dazu.

In den nächsten Tagen sind Sabine und Felix oft im Metzgerladen. Jedes Mal kaufen sie von ihrem Taschengeld etwas Hackfleisch oder Fleisch.

Das geben sie Mulle. Anfangs ist sie geflohen, wenn die Kinder mit dem Fleisch kamen. Aber dann besiegte die Gier ihre Scheu.

Jetzt kommt sie angelaufen, wenn die Kinder rufen. Sie begrüßt sie auf Katzenart: mit hochgerecktem Schwanz und Köpfchenreiben an den Beinen. Aber beim Fressen ist sie immer noch ängstlich. Sie zieht das Papier mit dem Fleisch hinter die Steine oder unter eine Bank. Dort kann sie in Ruhe fressen. Nachher lässt sie sich gerne etwas streicheln.

Ein paar Tage später kommen Sabine und Felix zum Katzennest und sind starr vor Schreck: Es ist nur noch ein Kätzchen da. Felix bekommt Tränen in die Augen. Sabine sagt: „Wenn wir den erwischen, der das war, der kann etwas erleben." In diesem Augenblick kommt Mulle an. Sie packt das Junge und trägt es fort. Die Kinder folgen ihr. Sie entdecken: Mulle hat ein neues Nest gemacht. Drei Kätzchen liegen schon darin. Jetzt legt Mulle auch das letzte Junge dazu. Sie schnuppert an den Kleinen. Wäscht sie mit der Zunge. Aber die Kätzchen sind unruhig. Hier riecht alles anders als im alten Nest. Sie werden erst still, als Mulle sich hinlegt und sie trinken lässt.

Die Kätzchen sind gewachsen. Jeden Tag werden sie lebhafter. Sie beginnen zu spielen. Zwei raufen miteinander. Eins möchte den Schwanz des Geschwisters fangen.

Eins setzt zu einem großen Sprung an. Doch es fällt um. Sabine und Felix lachen. Sie verbringen jeden Tag am liebsten im Heuboden bei den Kätzchen.

Mulle geht auf die Jagd. Sie läuft am Kartoffelacker vorbei zur Wiese. Unterwegs trifft sie Tiger. Tiger will auch zur Wiese. Als er Mulle sieht, bleibt er stehen. Er schaut sie an. Dann weicht er aus. Mulle hat die Wiese für sich allein.

Sie hockt sich vor ein Mauseloch. Sie klappt die Ohren nach vorn. Sie kann die Maus im Loch knuspern hören. Jetzt schaut die Maus aus dem Loch. Mulle bleibt unbeweglich.

Erst als die Maus ein großes Stück vom Loch entfernt ist, springt Mulle.
Erwischt.

Mulle trägt die Maus unter einen Busch. Dort kann sie in Ruhe fressen.

Mulle ist noch einmal umgezogen. Die Jungen sind sehr wild geworden. Sie brauchen kein geschütztes Nest mehr.
Sie brauchen Platz zum Spielen. Sie können klettern. Und mit allen vieren in die Luft springen. Sie rasen unter den Schubkarren. Sie stehen auf zwei Beinen, um nach einem Strohhalm zu angeln.

Sie lauern ihrer Mutter auf und springen sie an. Sie beißen sie mit ihren spitzen Milchzähnen.
Doch Mulle bleibt meist ruhig. Nur hin und wieder wird ihr das Spiel zu viel. Ihr Schwanz zuckt heftig. Sie dreht sich um. Sie versetzt dem kleinen Quälgeist einen leichten Hieb mit der Pfote.
Da lässt das Junge sofort los.

Felix und Sabine spielen mit den Kätzchen. Da bringt Mulle eine tote Maus für ihre Jungen.
Sie ruft die Kätzchen leise: Brrrr. Die Jungen hören sofort auf zu spielen. Sie kommen herbei. Sie schnuppern an dem fremden Ding. Aber sie wissen noch nicht, dass man Mäuse fressen kann. Sie spielen mit der Maus. Jeder will das Spielzeug haben. Keiner will es hergeben. Sie halten die Maus mit den Zähnen fest. Sie beißen hinein. Dabei merken sie:

Das schmeckt ja gut. Und sie beginnen zu fressen. Von nun an trägt Mulle immer mehr Mäuse herbei. Bald warten die Kätzchen schon auf ihre Mahlzeit. Sie raufen, wer als Erster fressen darf.

Die Kätzchen sind voller Neugierde. Sie schnuppern an allem. Sie spielen mit allem. Sie tun sehr mutig, denn sie machen Ausflüge ohne die Mutter. Dabei sind sie ziemlich schreckhaft. Wenn der Hund bellt, flitzen sie unter die Bank. Wenn ein Auto kommt, rennen sie unter einen Busch. Wenn die Milchkannen klappern, sausen sie zurück in den Schuppen. Eines Tages begegnen sie dem Kater Mohrle.
Sie erschrecken furchtbar vor dem schwarzen Tier. Sie machen einen Buckel. Sträuben die Schwanzhaare. Und fauchen. Aber Mohrle schaut sie kaum an. Er geht ruhig weiter. Es wird noch einige Zeit dauern, bis Kätzchen und Kater miteinander Freundschaft schließen.

Die Kätzchen schleichen alles an, was sich bewegt. Ameisen, Fliegen, Schmetterlinge. Wenn sie eine Fliege erwischen, fressen sie sie. Auch Eidechsen wollen sie fangen. Die sind aber viel zu schnell. Da versuchen sie es bei den Küken.

Doch die Küken werden von der Henne bewacht. Sie plustert sich auf, schlägt mit den Flügeln, rennt gackernd hinter den Kätzchen her. Die laufen, so schnell sie können. Nur das letzte bekommt noch einen Schnabelhieb in den Schwanz. Das tut weh. Das Kätzchen schreit. Nie wieder werden sich die Kätzchen an die Küken heranmachen.

Die Ferien sind zu Ende. Felix und Sabine müssen abreisen. Wie gerne würden sie eines der Kätzchen mitnehmen. Sie betteln und weinen. „Schaut", sagt die Bäuerin freundlich, „das wäre schlimm für unsere Kätzchen. Sie fühlen sich in einer Wohnung gar nicht wohl. Sie brauchen Scheune und Schuppen. Wiesen und Felder. Und Mäuse, die sie überall fangen können.

Besucht sie in den nächsten Ferien wieder! Vielleicht hat Mulle dann wieder kleine Kätzchen." Felix und Sabine trennen sich schweren Herzens von Mulle und ihren Jungen. Doch auf der Heimfahrt schmieden sie schon die schönsten Pläne – fürs nächste Jahr.

Der geschenkte Hase

Erzählt von Christine Adrian
Mit Bildern von Uta Schmitt

Kurz vor Ostern gehen Tina und Klaus mit ihrer Mutter auf den Markt. Sie kaufen für die Festtage Käse und Eier, frisches Gemüse und Obst ein.

Plötzlich hören sie einen Händler nebenan rufen: „Hier gibt's die echten Osterhasen!" Dabei hält er ein junges Kaninchen hoch.

Klaus und Tina sind begeistert: Wie gern hätten sie eines dieser süßen Kaninchen!

Die Geschwister lassen der Mutter keine Ruhe mehr. Sie bitten und betteln und versprechen alles: Sie wollen überhaupt kein anderes Ostergeschenk mehr.
Sie werden immer für das Tier sorgen, sie werden es niemals vergessen!

Und der Händler bekräftigt, wie zahm und stubenrein so ein „Osterhase" wird.
So kommt es, dass jetzt das Kaninchen im Kinderzimmer bei Tina und Klaus sitzt und ein Kohlblatt mümmelt.

Danach kriecht das Tier unter die Betten. Es schnuppert überall herum. Es hoppelt vergnügt durch das ganze Zimmer. Deshalb heißt es auch gleich „Hoppel".

Später muss Hoppel in den Karton zurück, damit er keine Pfütze auf den Teppich macht.

Inzwischen haben die Mutter und die Kinder in der Zoohandlung alles gekauft, was man für ein Kaninchen in der Wohnung braucht. Denn Tina und Klaus wollen unter keinen Umständen, dass ihr Hoppel draußen im Garten in einen Stall gesperrt wird. Er soll immer ganz dicht bei ihnen sein. Die Mutter weiß schon: Das gibt Probleme! Ihr ist nicht wohl bei den vielen Fragen:
Wie gewöhnt man einen Hund und ein Kaninchen aneinander?
Wie wird ein Kaninchen stubenrein?
Wie verhindert man, dass es an den Möbeln nagt? Und überhaupt: Was darf es fressen, was nicht? Braucht es auch Trinkwasser? Und was macht man, wenn es krank wird?
Wie hebt man es hoch, ohne ihm wehzutun?
Die Mutter hat auch ein Buch mitgebracht, in dem sie die Antworten auf ihre Fragen finden will.
Beim Vorlesen scheint alles so einfach zu sein!

Wenn Hoppel im Nacken gekrault wird, sitzt er ganz still und schließt die Augen. Aber Basta, die Hündin, gibt keine Ruhe.

Sie will an Hoppel schnuppern, ihn lecken und nach Hundeart mit ihm spielen.
Hoppel bekommt Angst vor Basta.

Die Familie braucht viel Geduld mit beiden Tieren. Doch schließlich versteht Basta: Sie darf Hoppel etwas lecken, aber nicht jagen.

Und Hoppel merkt: Die nasse Hundezunge tut gar nicht weh. Alle sind stolz auf diesen Erfolg.

Seit Basta und das Kaninchen sich angefreundet haben, muss Hoppel nur noch nachts in seinem engen Käfig schlafen. Tagsüber darf er frei herumhoppeln. Allerdings nur dort, wo es keine Teppiche gibt. Denn stubenrein ist er noch nicht. Immer wieder vergisst er, wohin er sein „Geschäft" machen soll. Umso aufmerksamer sind die Kinder.
Mit Schaufel und Besen kehren sie die trockenen Böhnchen zusammen.

Mit Küchenpapier wischen sie die Pfützen auf. Erst in den nächsten Tagen lernt Hoppel, wo er hinmachen darf, wenn er muss. Am liebsten hockt Hoppel in der Küche. Dort steht sein Futternapf. Wenn die Mutter kocht, fällt immer etwas für ihn ab.

Ein Apfelstückchen vielleicht, ein alt gewordenes Brötchen, ein Kohlstrunk oder gar Möhren. Für eine Möhre macht Hoppel sogar Männchen. Er nimmt sie aus der Hand und knabbert sie auf der Stelle ratzebutz auf.

Ein bisschen enttäuscht sind Klaus und Tina aber doch von ihrem Kaninchen. Sie würden so gern richtig mit ihm spielen – so wie sie es von Tante Lauras Katze kennen.

Vor allem Klaus fällt es schwer, zu begreifen, dass Hoppel die meiste Zeit mit sich selbst beschäftigt ist. Wenn er sich putzt, wenn er sein Klo benutzt, wenn er in einer Ecke döst – dann will Hoppel auf keinen Fall gestört werden. Und zum Schmusen ist Klaus oft nicht aufgelegt. Tina hat es da einfacher. Sie denkt: Wenn ich schon nicht mit ihm toben kann, will ich ihn wenigstens streicheln. Und Hoppel räkelt sich behaglich auf ihrem Schoß.

Eines Abends telefoniert die Mutter mit Tante Laura: „Stell dir vor", sagt sie, „Basta und Hoppel schlafen jetzt schon ganz dicht beieinander." Tante Laura will es nicht glauben, doch Mutter sagt:

„Klaus und Tina kümmern sich nicht immer um die beiden. Vorhin waren sie draußen, und jetzt machen sie etwas anderes.

Klar, dass Hoppel nicht die ganze Nacht bei dem Hund bleiben kann. Wenn wir schlafen gehen, muss er in seinen Käfig. Er ist das gewöhnt.

Er ist wirklich brav und reinlich. Und die Kinder passen gut auf ihn auf.
Glaub mir, ein Kaninchen ist wirklich ein liebes Haustier …"
Das sagt die Mutter und so denkt die ganze Familie.
Und weil sie alle so sicher sind, bedenken sie nicht mehr, was ein Kaninchen alles anrichten kann.

An einem Sonntagmorgen brechen Eltern und Kinder zu einer langen Wanderung auf. Keiner denkt mehr ans Aufräumen und keiner bemerkt, dass Hoppel im Badezimmer unter der schmutzigen Wäsche sitzt.

Jetzt ist Hoppel allein. Die Tür ist zu. Er hat Hunger und findet weit und breit keine Möhre zum Knabbern. Außerdem langweilt er sich. Da entdeckt er den Gummischlauch hinter der Waschmaschine.

Am nächsten Tag stellt Mutter noch schnell die Waschmaschine an, ehe sie mit den Kindern zum Einkaufen geht. Müde und voll bepackt kommen sie nach Hause.

Aber was ist das? Im Flur steht ja Wasser! Die Mutter reißt die Badezimmertür auf. Da sieht sie die Bescherung.

Nur Hoppel sieht sie nicht. Der sitzt nass im hintersten Winkel. „Oh nein", schreit die Mutter, „was ist denn da los? Schnell Kinder, holt Eimer und Aufnehmer. Jetzt müssen wir zuerst mal alles trockenwischen." Schließlich rücken sie die Waschmaschine beiseite um auch darunter zu putzen. Da sehen sie den zernagten Wasserschlauch. Und kurz darauf finden sie den nassen Hoppel. Die Mutter wird blass. Dann wird sie wütend. Die Kinder schauen sich an.
Sie denken: Es war unser Fehler. Wir sind gestern weggegangen und haben Hoppel nicht in den Käfig gesetzt.

Seit der Überschwemmung wissen die Eltern, welchen Schaden auch ein liebes Kaninchen in der Wohnung anrichten kann. Das Tier muss in einen Stall im Garten. Die Kinder dürfen es nicht mehr ins Haus bringen, wenn sie keine Zeit für Hoppel haben. Und der Vater beginnt sofort einen Stall zu bauen. Im Keller findet er eine alte Kiste. Auf die Unterseite nagelt er vier Klötze, damit Luft an den Boden kommt. Obendrauf kommt Dachpappe als Schutz vor Regen.
So weit war es einfach.

Aber die Tür mit Maschendraht, die bereitet dem Vater Kopfzerbrechen. Sie will nicht passen. Ist etwa die Kiste schief oder die Latten? Oder gar beides?
Der Vater hat wenig Übung im Basteln und braucht Stunden, bis der Käfig fertig ist. Inzwischen streicht Tina die Kiste von außen mit wasserfester Farbe an. Klaus soll auf Hoppel aufpassen. Aber er würde viel lieber auch anstreichen. So freut sich Hoppel an seiner Freiheit.

„Mir tut Hoppel so Leid", sagt Klaus eines Tages zu Tina, als die Kinder zum Stall gehen. „Immer muss er in dem kleinen Käfig hocken. Nur weil Mutter Angst um ihre Salatköpfe hat, dürfen wir ihn noch nicht mal in den Garten rauslassen."

Tina denkt genauso. Sie sagt: „Weißt du, ich glaube, Hoppel langweilt sich furchtbar. Hast du gesehen, wie er an der Kiste genagt hat? Ich glaube, wir müssen ihm ein paar Zweige bringen, damit er mehr zu knabbern hat."

Klaus und Tina haben die besten Vorsätze, wie sie ihrem Hoppel das Leben schön machen können.

Aber die Pflege macht ihnen keinen richtigen Spaß mehr.

Hoppel ist nun die meiste Zeit allein. Er mag nicht eingesperrt sein. Er will raus in den Garten, den er durch das Gitter sehen und riechen kann. Er nagt und nagt.
Eines Tages ist das Loch groß genug. Hoppel zwängt sich hindurch. Endlich ist er wieder frei. Er saust im Garten herum. Er macht Männchen und Luftsprünge. Das bemerkt Pif, der Hund vom Nachbarn, gleich. Der winselt und wedelt vor Aufregung. Doch Hoppel hat zunächst keine Angst.

Er ist in Mutters Gemüsebeet gelandet. Dort frisst er so viel und so schnell er kann. Erst als der Dackel kläffend am Zaun gräbt um hindurchzukommen, wird Hoppel aufmerksam. Zu seinem Glück schaut die Mutter in den Garten, weil der Dackel solchen Krach macht. Sie kann eben noch verhindern, dass der Jagdhund Jagd auf Hoppel macht. Doch sie denkt auch:
Wie soll das nur weitergehen mit diesem Kaninchen?

„So geht es nicht!", sagt der Vater. „Hoppel muss ins Tierheim." Aber dort kann die Pflegerin kein Kaninchen mehr aufnehmen. Sie hat schon einundvierzig!

Und sie sagt vorwurfsvoll: „Na, ihr wollt es euch aber leicht machen. Ihr könnt doch ein Tier nicht kaufen und abschaffen wie ein Spielzeug!"

Vater und Kinder sind betroffen.
Sie hat ja Recht, denken sie und
nehmen Hoppel wieder mit.
Der Vater baut einen neuen,
festen Stall mit großem Gehege.

Dort hat Hoppel Platz genug.
Und die Kinder lieben es, Hoppel
in seinem Reich zu besuchen.

Das Meerschweinchen

Erzählt von Christine Adrian
Mit Bildern von Gerda Muller

Anja und ihr Meerschweinchen Gretel sind seit einigen Monaten beste Freunde. Anja gibt dem Tier jeden Tag frisches Wasser und Futter. Sie sorgt für Sauberkeit und Leckerbissen und sie vertreibt ihm die Langeweile. Denn Gretel hat ja sonst keinen Gefährten.

Heute hat Anja einen Irrgarten aufgebaut. Am Ausgang winkt als Belohnung eine Möhre. Anja prüft mit der Stoppuhr, wie lange Gretel braucht, um die Möhre zu finden. Zuerst waren es zwei Minuten. Dann jedes Mal weniger. Das Spiel macht beiden Spaß.

Am nächsten Tag ruft Anjas Freund Rolf an.
„Kannst du über das Wochenende mein
Meerschweinchen nehmen?", fragt er.
„Ich mache mit meinen Eltern eine Wanderung."
Anja meint: „Fein. Mein Weibchen wird sich
über die Gesellschaft freuen. Bring deines nur her."
Kurz darauf setzt Rolf sein Rosetten-Meerschweinchen
Rosi zu Gretel in den Käfig.
Die Kinder schauen gespannt zu,
ob die Tiere sich vertragen.

Gretel ist gegen das fremde Meerschweinchen
zunächst misstrauisch.
Sie macht sich möglichst groß, um zu zeigen,
dass ihr der Käfig gehört. Dann beschnuppern sich
Gretel und Rosi. Dabei merken die Tiere, was die

Kinder nicht wissen: Rosi ist ein Männchen. Deshalb beginnt „Rosi" sofort, zärtlich an Gretels Körper entlangzustreichen. Jetzt sind die Kinder beruhigt: Die Tiere verstehen sich.
Ohne zu ahnen, was kommen wird, gehen sie weg.

Voller Vorfreude packt Rolf seinen Rucksack.
Anja sitzt mit ihren Eltern beim Mittagessen.
Sie erzählt freudestrahlend,
wie sehr die beiden Meerschweinchen sich mögen.
Niemand merkt, dass Gretel und „Rosi"
sich gerade paaren.

Das Wochenende ist vorbei.
Rolf kommt mit einem Körbchen,
um sein Meerschweinchen abzuholen.
Er bedankt sich und sagt:
„Wenn du einmal verreisen willst,
kannst du deine Gretel zu mir bringen.

Ich nehme sie gern."
Als Rolf weg ist, nimmt Anja Gretel
aus dem Käfig und tröstet sie:
„Schade, dass du wieder allein bist,
aber jetzt spielen eben wir miteinander."

Einige Wochen später.
Anja schaut ihre Gretel jetzt immer wieder genau an.
Sie wundert sich, wie dick sie wird. Ob sie krank ist?
Dabei hat sie Gretel doch genauso gefüttert wie früher.
Sie fragt die Eltern.
Die wissen gleich, was los ist. „Ach du meine Güte",
sagt der Vater, „deine Gretel bekommt ja Junge!
Mir scheint, die ‚Rosi' von Rolf ist ein Männchen."
Und es dauert nicht lange, bis Anja sieht,
dass ihre Eltern Recht haben.

Wenige Tage später entdeckt Anja das erste Junge
in Gretels Käfig. Schnell holt sie Rolf.
Ihr Freund soll die Geburt der kleinen Meerschweinchen
auch miterleben.
Anjas Mutter erklärt den Kindern, was passiert:
Jedes Junge wird in einer dünnen Haut geboren,
die Gretel sofort mit den Zähnen zerreißt.

Sie leckt dem Kleinen Augen, Nase und Mäulchen
sauber. So kann es frei atmen und sehen.
Schließlich putzt sie noch das Fellchen,
bis sie sich mit dem nächsten Jungen beschäftigen muss.
Rolf und Anja sind entzückt.
„Die können ja schon sehen und laufen,
und putzen tun sie sich auch schon! Oh, wie niedlich."

Ganz behutsam werden die Meerschweinchen-Kinder auf eine Briefwaage gesetzt. Jedes wiegt um die 85 Gramm. Also kein Wunder, dass Gretel vor der Geburt so dick war! Jetzt ist sie wieder fast so schlank wie früher, obwohl sie für zwei frisst. Ihre ganze Kraft geht in die Milch, die die Jungen gierig trinken. Zwar mümmeln sie auch schon etwas Heu und anderes weiches Futter, doch brauchen sie die Muttermilch dringend, um gut zu gedeihen. Allerdings können immer nur zwei Junge auf einmal trinken. Die Mutter hat nur zwei Zitzen. Um die gibt es jedoch nie Streit. Ganz friedlich wechseln sich die Kleinen beim Trinken ab.

Rolf und Anja können gar nicht genug davon bekommen,
ihre kleinen Meerschweinchen zu beobachten.
Sie würden sie lieber in die Hand nehmen,
aber sie fürchten, die zarten Tiere zu verletzen.
So schauen sie eben stundenlang zu:
wie die Kleinen sich kratzen und putzen,
wie sie dicht zusammengedrängt schlafen,
wie sie sich danach strecken und herzhaft gähnen.

Die Kinder finden, dass die neugeborenen Tiere
alles ganz genauso machen wie die Alten.
Fast alles.
Denn wenn ein Junges sich verlassen fühlt,
quietscht es durchdringend laut.
Dann eilt die Mutter herbei. Sie beruhigt ihr Kind
mit leise murmelnden Tönen und leckt sein Gesicht:
Ich bin ja wieder bei dir, heißt das.

Die kleinen Meerschweinchen wachsen sehr schnell.
Sie werden kräftig und wild.
Sie brauchen Platz zum Spielen.
Also bauen ihnen Anja und Rolf einen Spielplatz
auf dem Fußboden auf.

Hier können sich die Jungen wenigstens einmal
am Tag austoben.
Sie klettern und forschen. Sie sausen herum.
Nur miteinander balgen tun sie nicht. In dieser Zeit
hat Gretel endlich ein bisschen Ruhe.

Fünf Wochen sind seit der Geburt vergangen.
Gretels Käfig ist für die Meerschweinchen-Familie
zu eng geworden.
Und Anja muss den Käfig jeden Tag putzen,
weil so viele Tiere auch Dreck machen.
Das macht langsam keinen Spaß mehr. Vor allem,
weil die Jungen aus dem Käfig springen,
sobald er offen ist.

Schweren Herzens sehen die Kinder ein, dass sie die Jungtiere weggeben müssen. Aber wohin? Anjas Mutter hat eine Idee:
„Warum nicht in die Zoohandlung bringen? Dort haben wir Gretel ja auch gekauft."

Doch als die Kinder mit ihren Tieren zum Händler kommen, schüttelt der den Kopf.
„Leider kann ich sie nicht nehmen", sagt er.
„Ich habe gerade eine Lieferung

Meerschweinchen bekommen. Ihr seht ja selbst."
Auf dem Heimweg meint Rolf:
„Ich weiß was.
Am nächsten Sonntag ist doch Flohmarkt!"

So sitzen die Kinder nun mit ihren Tieren zwischen all den anderen Verkaufsständen. Vorher haben sie von einem Tierarzt die Männchen und Weibchen bestimmen lassen. Sie wollen nicht, dass den neuen Meerschweinchenbesitzern dasselbe passiert wie ihnen. Die ersten drei Tiere sind bald verkauft.

Nur das vierte Junge bleibt bis zum späten Nachmittag. Schließlich verschenken es die Kinder. Müde und traurig gehen sie nach Hause. Anja meint schließlich: „Aber schön war es doch mit unseren Wuscheltieren. Trotzdem: Bring das nächste Mal dein Meerschweinchen lieber im Käfig zu mir."

Piek, das Igelkind

Erzählt von Christine Adrian
Mit Bildern von Gerda Muller

Heute ist für Anja der schönste Abend im ganzen Sommer.
Denn heute ist ihr Geburtstag.
Das Kinderfest ist vorbei. Anja ist glücklich.

Sie sitzt mit den Eltern auf der Terrasse.
Sie schauen in den stillen Garten. Plötzlich bellt Wastl,
der Dackel. Er hat den Igel entdeckt.

Anja springt ins Haus und holt Handschuhe,
um den Igel anzufassen.
Doch der Vater meint, Igel haben immer schrecklich viele Flöhe.
Die Mutter denkt nicht an Flöhe. Sie freut sich. Ein Igel im Garten
frisst große Mengen Schnecken, Raupen und Käferlarven. Das ist
gut für den Garten. Anjas Freund Rolf will den Igel auch sehen.
Am nächsten Abend warten beide Kinder, ob er kommt. Da
schnauft und raschelt es. Und schon trippelt der Igel auf ein Loch
im Zaun zu, hinüber in Rolfs Garten. „Toll", schreit Rolf.
„Jetzt haben wir beide den Igel."

Eines Tages räumt Anjas Vater einen großen Reisighaufen im Garten beiseite. Ganz tief drinnen findet er das Igelnest. Die Jungen sind noch blind.
Schnell deckt der Vater das Nest wieder zu und geht.

Aber die Igelmutter ist beunruhigt.
Eins nach dem anderen trägt sie die Jungen fort.
Ins Gartenhäuschen bringt sie ihre Kinder,
unter einen umgestülpten Korb.

Die Kinder platzen fast vor Neugier.
Aber sie gehen nicht ins Gartenhaus, schauen nicht unter den Korb. Denn sie wollen nicht,
dass die Igelmutter noch einmal auszieht.

Endlich, nach vielen Tagen, erscheint die Igelin eines Abends mit ihrer ganzen Kinderschar.
Die Kleinen schnüffeln an allem herum. Beißen hinein.
Probieren, wie es schmeckt. Dabei passt die Mutter genau auf.

Manchmal gibt sie einen kurzen Laut von sich.
Das heißt: Das dürft ihr nicht fressen!
Und sofort spucken die Igelchen alles aus
und rühren es nie wieder an.

Igelkinder spielen gerne. Sie knuffen und puffen.
Sie schnappen nach den Stacheln des anderen und schubsen sich.
Dabei fällt eines – platsch! – in den Teich.
Das macht ihm nichts. Alle Igel können schwimmen.

Der Sommer ist vorbei.
Die Tage werden kürzer und kühler.
Die Igelfamilie hat es immer schwerer, satt zu werden.

Deshalb füttern Rolf und Anja die Tiere jeden Abend
im Garten. Mit viel Hackfleisch.
Mit etwas Quark oder Ei oder eingeweichten Brötchen.

Eines Abends im Herbst kommt kein Igel mehr
zum Futterteller.
Traurig suchen die Kinder die beiden Gärten ab.
Schließlich entdecken sie die Jungen.

Unter der Treppe zu Rolfs Haus schlafen sie tief im Blätterhaufen. Die Igelmutter fehlt.
Sie hat sich irgendwo ein warmes Winternest eingerichtet.
Sie schläft lieber allein.

Ein paar Tage später läuft doch wieder
ein Igelchen im Garten herum.
Die Kinder staunen: Am helllichten Tag schnüffelt der Kleine
zwischen welken Blättern und Pflanzen herum.

Aber er findet nichts.
Regenwürmer, Schnecken und Käfer haben sich längst verkrochen. Also nehmen die Kinder den hungrigen kleinen Kerl mit ins Haus. Sie nennen ihn Piek.

Anjas Mutter schickt die Kinder gleich zur Tierärztin.
Die untersucht Piek. Pudert ihn gegen Flöhe ein
und gibt ihm eine Spritze gegen Lungenwürmer.
Sie erklärt den beiden, wie sie das Tier pflegen sollen.
Schließlich sagt sie noch:
„In zwei Tagen muss der Igel wieder eine Spritze bekommen.
Dann ist er ganz gesund."

Anjas Mutter hat im Keller eine passende Kiste gefunden.
Die Kinder richten sie her. Sie setzen Piek hinein
und stellen die Kiste in eine stille, warme Ecke.
Jeden Abend kommt Rolf herüber und sie bereiten
das Futter für ihr Pflegekind.

Abends, wenn Piek wach wird, darf er in die Küche laufen.
Zuerst streckt er sich und gähnt. Dann kratzt er sich.
Dann will er spielen: Er kämpft mit dem Besen,
er beißt in Rolfs Hosensaum.
Endlich findet er ein Staubtuch und will es wegschleppen.

Am Sonntag wird Piek gewogen.
Er nimmt schnell zu. Als er kam, war er 400 Gramm leicht.
Jetzt wiegt er fast 800 Gramm.
Also ist er schwer genug für den Winterschlaf.
Die Igelkiste wird in den kühlen Keller getragen.
Jetzt kommt Piek nur noch selten aus seinem Haus.
Er frisst immer weniger.

Und eines Tages schläft er fest. Vorsichtig nehmen die Kinder
die Stachelkugel aus dem Stroh und laufen zur Treppe.
Dort schieben sie Piek behutsam zu seinen Geschwistern
ins Winternest.

Endlich ist wieder Frühling.
Anja und Rolf lauern schon lange jeden Abend,
wann „ihre" Igel aufwachen.

Und da kommen sie, einer nach dem anderen.
Alle sieben.
Wie stolz und glücklich sind die Kinder jetzt!

In den nächsten Wochen verschwinden die jungen Igel
nach und nach aus den Gärten, wo sie aufgewachsen sind.
Sie müssen sich eine neue Heimat suchen,
denn ihre Mutter will das Revier wieder alleine bewohnen.
Schließlich werden im Mai wieder kleine Igelchen
zur Welt kommen.
Im Gartenhäuschen?
Unter der Treppe?
In Rolfs Garten?
Das werden Anja und Rolf dann sicher gleich merken.

Der Wellensittich

Erzählt von Christine Adrian
Mit Bildern von Karla Käfer

Tante Frieda will in den Urlaub fahren. Heute bringt sie ihren Wellensittich zur Familie ihrer Schwester. Jo und Hanna sind begeistert, weil sie für zwei Wochen einen zahmen Wellensittich haben dürfen. Sie stürmen Tante Frieda entgegen.
„Da bist du ja endlich", sagt Hanna. Jo schreit: „Zeig mal, wie sieht dein Piepmatz aus? Kann er sprechen?" Die Mutter beruhigt: „Komm erst mal herein. Dann werden wir ja alles erfahren."

Der Käfig steht im Wohnzimmer und das Tuch ist herunter.
„Das also ist Aram", sagt Tante Frieda. Sie steckt ihre Hand in
den Käfig und Aram steigt auf ihren Finger. Dann nimmt sie
ihn heraus. Sie lässt den Vogel auf Hannas Finger hüpfen.
„Hat der aber warme Füße", meint Hanna. Ihre Augen strahlen.
In diesem Augenblick fliegt Aram los. Er saust zwei Runden
durchs Zimmer und landet auf Jos Kopf. „Uiih", schreit Jo.

Er verdreht die Augen, um zu sehen, was Aram macht. „Lass nur", meint Tante Frieda, „ich merk schon, er mag dich. Er wird dir nichts tun." Und nun erklärt sie den Kindern, wie sie den Vogel pflegen müssen.

Bevor Tante Frieda geht, setzt sie Aram wieder in seinen Käfig. Er ist ein bisschen aufgeregt von seinem ersten Ausflug in der neuen Umgebung. Deshalb plustert er sich auf und schüttelt sich kräftig ... Dann kratzt er sich am Kopf. Dazu hebt er das Bein über den Flügel. Hanna lacht, weil der Wellensittich so komische Verrenkungen macht.

Als Aram anfängt, mit dem Schnabel seine Federn zu ordnen, kann Hanna gar nicht fassen, wie der Vogel den Kopf verdrehen kann. Sie versucht, es nachzumachen, hat aber überhaupt keinen Erfolg. Schließlich beobachtet sie staunend, was Aram mit seiner Hirse macht: Der Vogel nimmt ein Körnchen und dreht es im Schnabel.

Es knackt ein wenig, die Schalen fallen herunter und Aram verschluckt den weichen Kern ungekaut. Wie gut, denkt Hanna, dass die Hirse in meinem Brei immer geschält ist. Sonst würde ich ja nie satt.

Nach einigen Tagen nehmen die Kinder Aram morgens mit ins Badezimmer. Denn Tante Frieda hat gesagt, das ist sein größtes Vergnügen. Während die Kinder duschen, lassen sie am Waschbecken das Wasser ein wenig laufen. Hier „duscht" Aram. Auf einem alten Waschlappen trippelt er hin und her. Er spreizt die Flügel und lässt sich die Tropfen über den Rücken perlen. Dabei wird er zwar kaum nass, doch es gefällt ihm sehr. Dann fliegt er vor den Spiegel. Da sieht er doch tatsächlich einen zweiten Wellensittich! Aram sträubt Kopf- und Bartfedern. Seine Augen werden fast weiß. Er pickt ans Glas und kreischt: „Aram Liebchen, Aram Liebchen!" – die einzigen Worte, die er in Menschensprache gelernt hat.

Aram will unbedingt mit dem anderen Vogel schnäbeln.
Doch das geht natürlich nicht.

Beim gemütlichen Sonntagsfrühstück darf Aram frei im Zimmer herumfliegen. Sofort entdeckt er die leckeren Sachen auf dem Tisch. Er setzt zum „Landeflug" an.
Der Rand der Kakaotasse scheint ein guter Sitzplatz.
Aber die Tasse ist heiß.

Mit einem kleinen Schrei flattert Aram hoch und lässt sich auf Jos Müslischüssel nieder. Die Haferflocken schmecken ihm. Doch da verscheucht ihn die Mutter. „Kinder", sagt sie, „das geht nicht. Ein Vogel gehört nicht auf den Esstisch. Bringt ihn bitte sofort ins Wohnzimmer."

Die Familie frühstückt nun ungestört weiter. Aram bleibt allein im Wohnzimmer. Er langweilt sich. Er sucht nach Spaß und Beschäftigung. Wie wär's mit dem Blumenfenster? Zuerst probiert er, sich auf den Kaktus zu setzen. Der ist viel zu stachlig. Dann beißt er ins Sonnenrollo. Schmeckt nicht. Aber die anderen Pflanzen, die sind genau, was Aram sucht. Er frisst nur wenig. Das meiste zwickt er ab, einfach weil er gerne knabbert. Der Schaden ist beträchtlich.

„Meine armen Pflanzen", klagt die Mutter, als sie die Bescherung sieht. „Aber wenigstens hat Aram nichts vom giftigen Efeu gefressen! Da hat er noch mal Glück gehabt."

Hanna und Jo schlagen der Mutter vor: Aram kann doch ins Kinderzimmer umziehen. Die Kinder sind glücklich. Sie haben bald heraus, wie zärtlich der kleine Vogel sein kann. Wenn Jo und Hanna sich ruhig beschäftigen, ist Aram meist in der Stimmung zu kraulen oder gekrault zu werden. Jetzt sitzt er auf Jos Kragen.

Er knabbert ganz vorsichtig an Ohrläppchen und Haaren des Jungen. So ähnlich würde Aram das auch bei einem anderen Wellensittich tun.

Hanna hat entdeckt, wie sie selbst „Wellensittich" für Aram spielen kann: Zart krault sie mit einem Finger in Arams Bartfedern. Der Vogel mag das sehr. Er schließt die Augen halb und lehnt sein Köpfchen vertrauensvoll an Hannas Finger.
In solchen Augenblicken merkt er nicht mehr, wie sehr ihm ein zweiter Vogel fehlt.

Doch auch im Kinderzimmer ist Aram nicht immer nur lieb.
Er hat Papier angeknabbert und musste in den Käfig.
Denn Hanna will ein schwieriges Bild zusammenkleben.
Aram will raus. Er zeigt das sehr deutlich. Er flattert einfach
wie wild. Dabei werden Sand und Futter aus dem Käfig
geschleudert.
Das Zeug klebt auf dem Bild fest
und Hanna wird wütend.

„Hör auf, du Ferkel!", schreit sie. Doch Aram gibt erst Ruhe, als er aus dem Käfig darf. Nun hat Hanna den Spaß an ihrem Bild verloren. Sie geht raus, um draußen zu spielen, und lässt den Vogel allein.

Die Mutter kommt, um das Kinderzimmer zu putzen. Sie denkt nicht an Aram, sie sieht nur den Dreck, den er gemacht hat.

Sie kehrt und wischt Staub. Dann macht sie das Fenster auf, um das Staubtuch auszuschütteln.
Aram sitzt bei den Spielzeugtieren oben im Regal.
Jetzt erschrickt er furchtbar vor dem Tuch und flieht – wutsch – aus dem Fenster.

Was nun? Die Mutter ruft sofort nach Hanna und Jo. Sie nehmen den Käfig, Kolbenhirse und Arams Spielzeug und machen sich auf die Suche nach dem Vogel. Da sitzt er auch schon in einem Baum. Er schreit: „Tschilip, tschilip!", ganz ähnlich wie die Spatzen ringsum. Die Kinder rufen Aram und zeigen ihm Futter und Spielzeug.
Aber der Vogel knabbert an den Zweigen und kommt kein bisschen näher. Schließlich fliegt er sogar weg. Schnurstracks auf ein kleines Wäldchen zu.

Im Wäldchen ist Aram spurlos verschwunden. Alles Rufen und Suchen ist vergebens. Es wird dunkel und beginnt zu regnen. Die Mutter legt die Arme um die Kinder: „Morgen gehen wir ganz früh los und suchen weiter. Aber jetzt müsst ihr erst mal ins Bett." Doch die Kinder können nicht einschlafen. Sie malen sich aus, wie Aram erfriert, verhungert, von einer Katze gefangen, von einer Eule gefressen wird.
Die Mutter hat es wirklich nicht leicht, die Kinder zu beruhigen und zu trösten.

Am nächsten Morgen finden sie Aram in einem Busch am Rand des Wäldchens. Er ist ein bisschen nass und sehr kleinlaut. Vor allem hat er Hunger. Zuerst vorsichtig, dann gierig nimmt er Körnchen für Körnchen von der Kolbenhirse.
Ganz langsam nähert sich Mutters rechte Hand dem Vogel von hinten.

Und – schwapp – packt sie zu. Aram kreischt. Er zwickt mit aller Kraft in Mutters Finger. Doch die war darauf gefasst und lässt nicht los.
Aram wird in seinen Käfig gesteckt und glücklich nach Hause getragen.

Heute holt Tante Frieda ihren Vogel wieder ab. Der schreit: „Aram Liebchen, Aram Liebchen!" – vor Freude.
„Ihr habt eure Sache aber gut gemacht", lobt die Tante und gibt jedem ein Geschenk. „Darf ich Aram wieder einmal bringen?"
Alle drei „Tierpfleger" versichern: „Oh ja, gerne!" Und sie denken: Dann sind wir allerdings etwas vorsichtiger – und schlauer.

Zwei kleine Enten

Erzählt von Christine Adrian
Mit Bildern von Thea Ross

Gabi, Robert und ihre Eltern machen heute eine Wanderung auf dem Land. Sie kommen an einem Bauernhof vorbei. „Schau mal, die süßen Entchen", ruft Gabi. Gleich bettelt Robert: „Ich will eins haben!"

„Warum nicht", meint die Bäuerin. Sie sind schon
fast zwei Wochen alt. Da sind sie nicht schwer aufzuziehen."
Auch den Eltern gefallen die Küken. Sie denken an
die Zeit, als sie selber Kinder waren und viele Tiere
haben durften.

Es kommt zu einem langen Gespräch. Eltern und Kinder bestürmen die Bäuerin mit Fragen. Die junge Frau mag ihre Enten und weiß genau Bescheid. Sie gibt Ratschläge und versichert: „Wenn ihr nicht mehr weiterwisst, kommt ruhig zu mir. Ich werde euch helfen."

Sie holt einen Karton, macht Luftlöcher hinein und fängt die zwei Entchen, die Robert und Gabi ausgesucht haben. Dabei ermahnt sie die Kinder: „Ihr wisst ja schon, Tierkinder sind kein Spielzeug. Und Entenkinder sind keine Kuscheltiere. Ich hoffe, die Entchen haben es gut bei euch."

Zu Hause kommen die Küken für die erste Zeit in einen alten Vogelkäfig. „Meins heißt Quick", findet Gabi. „Dann nenne ich meins Quack!", ruft Robert.

Die Bäuerin hatte gesagt, dass Brennnesseln das beste Kükenfutter sind. Also gehen die Kinder nun auf die Suche nach den Pflanzen, die sie sonst so gar nicht mögen.
Mit Gummihandschuhen und einer Schere ist es ganz leicht, einen kleinen Eimer voll zu sammeln. Dann werden die Blätter von den harten Stielen gestreift und mit Mutters Kräuterhacker noch feiner geschnitten als Petersilie.

Jetzt noch ein hart gekochtes
Ei durchs Kaffeesieb
gedrückt und das Ganze
mit feuchtem Kükenmehl
vermischt. Robert löffelt etwas von der Mischung in
ein Schüsselchen und riecht daran: „Bäh", meint er.
Doch Quick und Quack stürzen sich darauf und futtern
alles bis zum letzten Krümel auf.

Nach dem Essen brauchen die Küken Wasser.
Sie wollen trinken und baden, am besten beides
gleichzeitig. Sie überkugeln sich fast vor Eile,
als die Wasserschale auf den Rasen gestellt wird.

Sie trinken mit leicht erhobenem Kopf. Sie schlabbern
Wasser durch den Schnabel. Sie tunken den Kopf ein und
lassen das Wasser über den Rücken laufen.
Sie machen sich so richtig nass.
Besonders am Bauch sind Quick und Quack bald bis
auf die Haut durchnässt. Gabi und Robert sehen, was die
Bäuerin meinte, als sie sagte: Enten aus dem Brutschrank
haben anfangs kein wasserfestes Gefieder. Sie können nicht
sofort schwimmen wie ihre „wilden Geschwister"
auf dem See. In tiefem Wasser würden sie glatt ertrinken.

Nach dem Bad brauchen Quick und Quack eine Weile, um ihr Federkleid wieder trocken und in Ordnung zu bringen:

Sie kratzen sich am Kopf.

Sie streifen Wasser aus den Bauchfedern.

Sie glätten
die Rückenfedern.

Sie strecken sich und breiten die
Stummelchen aus, die später einmal
Flügel werden sollen.

Doch besonders häufig knabbern sie mit dem Schnabel oberhalb des Schwanzes und reiben dort auch ihren Kopf. An dieser Stelle bekommen die Federchen das Fett, das sich nach und nach über das ganze Gefieder verteilt und es wasserfest macht.

Bei liebevoller Pflege dauert es nicht lange und Quick und Quack haben die Kinder als „Ersatzmütter" angenommen. Freiwillig rennen sie hinter Robert und Gabi her.
So machen die vier täglich kleine Spaziergänge durch den Garten. Die Küken sind aufgeregt über all das Neue, das sie gern erforschen würden. Doch Robert ruft immer wieder: „Ko-omm. Ko-omm." Und Quick und Quack antworten dann: „Wiwiwiwiwi!"
Das heißt ungefähr: Da sind wir, lauft uns nicht weg.

Die kleinen Enten werden noch sehr schnell müde.
Denn wenn die Kinder einen Schritt machen, müssen
die Küken mindestens zehnmal trippeln. Gabi und
Robert erinnern sich daran, wie es ihnen ergangen ist,
als sie klein waren. Wie damals ihre Eltern machen
sie oft kurze Pausen, damit sich die Entchen
erholen können.

Die rupfen dann eifrig an den Gänseblümchen.
Sie forschen unter dem Gras nach Regenwürmern.
Sie schnappen nach vorbeifliegenden Insekten.
Dabei springen sie ein wenig in die Höhe und fallen danach meistens um.
Schließlich sind die Kleinen müde. Sie kuscheln sich ins Gras und sind schon bald eingeschlafen.

Im alten Vogelkäfig können die Entchen nur wenige Tage wohnen. Er ist viel zu klein. So machen sich Eltern und Kinder bald daran, einen großen Käfig zu bauen. Alles ist genau geplant.

Der Boden wird mit Maschendraht überzogen, damit
Quick und Quack nachts vor Mardern sicher sind.
Der halbe Deckel ist aus stabilem, durchsichtigem Plastik,
damit die Tiere immer einen trockenen Platz haben.
Und die dünnen Leisten auf der Klappe geben den kleinen
Entenfüßen Halt beim Raus- und Reinwatscheln.
Den Küken aber erscheint es am schönsten, dass sie
von nun an eine große Wasserschale im Käfig haben.

Da steht er nun, der fertige Käfig. Eltern und Kinder sind sehr stolz auf ihr gemeinsames Werk. Sie wollen beobachten, wie Quick und Quack sich darin wohl fühlen. Aber was ist das? Mit aufgerissenen Schnäbeln liegen die beiden Vögel am Boden. Ihr Atem geht schneller und schneller.
Die Kinder schreien: „Die haben was Giftiges gefressen!"
Die Mutter schaut in die Sonne und erkennt plötzlich:
„Wir haben ja das Wichtigste vergessen. Unsere armen Enten brauchen Schatten."

Sie läuft ins Haus, holt ein großes Tuch und will es über den Käfig legen. Doch Quick und Quack merken überhaupt nicht, dass ihnen geholfen werden soll. Sie sehen das Tuch, springen auf und rasen in Panik gegen die Gitter. „Räbräbräb", quaken sie.
Erst einige Zeit, nachdem das Tuch ruhig auf dem Deckel liegt, wagen sich die kleinen Enten in den kühlen Schatten. Nachdenklich sagt die Mutter: „Wir müssen das Ding festnageln. Sonst brechen sich die beiden beim nächsten Wind vor Angst den Hals."
Und gleich macht sie sich an die Arbeit.

Quick und Quack sind wie alle Tiere: Auch im schönsten Käfig fühlen sie sich eingesperrt. Sie möchten am liebsten immer draußen sein. Sie möchten fressen, wo und was ihnen Spaß macht.

Also erlaubt der Vater eines Tages, dass die Enten im
Gemüsegarten nach Schnecken suchen dürfen. Quick und
Quack watscheln durch die Zwiebeln und die Möhren.
Sie suchen auch die Petersilie ab. Dann kommen sie zum Salat.
Butterzartem Kopfsalat. Erst fressen sie die Schnecken.
Dann probieren sie die Blätter. Als die Enten damit
fertig sind, ist nicht mehr viel davon übrig.

Aus den zarten Küken sind zwei kräftige junge Enten geworden. Sie haben statt Daunen richtige Federn bekommen. Und sie lieben „ihre" Familie. Sie suchen ihre Nähe, wann immer es geht. Sie nehmen sogar kleine Leckerbissen aus der Hand.

Aber anfassen, streicheln, hochheben – das lassen sie
sich nie. Robert und Gabi haben auch niemals versucht,
Quick und Quack zu fangen, sie zu zwingen.
Denn sie wissen, das wäre das Ende ihrer Freundschaft.

Eines Tages kommt der Vater in den Garten. Er will das neue Zelt ausprobieren. Die Enten grasen friedlich auf der Wiese.
Ein Windstoß fährt in die Plane. Sie bauscht sich auf.

Die Enten fahren hoch. „Räbräbräb", quacken sie
und rennen los. Sie schlagen mit den Flügeln.
Plötzlich heben sie vom Boden ab und fliegen davon.
Welch ein Kummer! Da helfen keine Tränen,
keine Vorwürfe, kein Suchen. Quick und Quack
bleiben verschwunden. Robert und Gabi trauern
ihnen lange nach.

Herbst und Winter sind vergangen. Der Frühling ist da. Die Familie macht wieder einen Spaziergang. Diesmal zum See. Die Kinder füttern die Wildenten dort mit Brotbröckchen. Auf einmal zeigt Robert aufgeregt aufs Wasser: „Da, guckt mal, ist das nicht mein Quack?"

Ja, richtig. Eine Ente mit weißer Brust. Das muss Quack sein. Und um sie herum schwimmen lauter kleine Küken. Gabi, Robert und ihre Eltern sind überglücklich. Nun wissen sie, dass wenigstens eine ihrer Enten überlebt hat. Sie führt ein freies, erfülltes Wildentenleben.

Inhaltsverzeichnis

Ein Halsband für Karamell   3
Auf dem Ponyhof   31
Mulle und ihre Kinder   59
Der geschenkte Hase   87
Das Meerschweinchen   115
Piek, das Igelkind   143
Der Wellensittich   169
Zwei kleine Enten   197

Quellenverzeichnis

Alle Sachgeschichten stammen
aus der Reihe „Kinder erleben Tiere"
des Ravensburger Buchverlages.

Ein Halsband für Karamell
mit Illustrationen und Text
von Gerda Muller
Übersetzt von Christine Adrian
© 1985 Ravensburger Buchverlag
Otto Maier GmbH

Auf dem Ponyhof
mit Illustrationen von Hélène Muller und
Text von Christine Adrian
© 1987 Ravensburger Buchverlag
Otto Maier GmbH

Mulle und ihre Kinder
mit Illustrationen von Waltraut Schmidt und
Text von Christine Adrian
© 1986 Ravensburger Buchverlag
Otto Maier GmbH

Der geschenkte Hase
mit Illustrationen von Uta Schmitt und
Text von Christine Adrian
© 1989 Ravensburger Buchverlag
Otto Maier GmbH

Das Meerschweinchen
mit Illustrationen von Gerda Muller und
Text von Christine Adrian
© 1991 Ravensburger Buchverlag
Otto Maier GmbH

Piek, das Igelkind
mit Illustrationen von Gerda Muller und
Text von Christine Adrian
© 1986 Ravensburger Buchverlag
Otto Maier GmbH

Der Wellensittich
mit Illustrationen von Karla Käfer und
Text von Christine Adrian
© 1990 Ravensburger Buchverlag
Otto Maier GmbH

Zwei kleine Enten
mit Illustrationen von Thea Ross und
Text von Christine Adrian
© 1991 Ravensburger Buchverlag
Otto Maier GmbH